ISLAND

SIGURGEIR SIGURJÓNSSON

ISLAND

INSEL DES FEUERS, DER KÄLTE UND DES WASSERS

VORWORT VON

VIGDÍS FINNBOGADÓTTIR

PRÄSIDENTIN VON ISLAND

TEXT VON

SIGURÐUR STEINÞÓRSSON

GEOLOGE

DESIGN VON

ÞRÖSTUR MAGNÚSSON

BECHTERMÜNZ VERLAG

Originaltitel:
ISLANDSLAG

Originalverlag
Forlagið · Reykjavík · Island

Genehmigte Lizenzausgabe für
Bechtermünz Verlag im
Weltbild Verlag GmbH, Augsburg 1997

Deutsch von Coletta Bürling 1993
Layout und künstlerische Gestaltung:
Þröstur Magnússon und Sigurgeir Sigurjónsson

Die Islandkarte wurde mit Erlaubnis des
Isländischen Geodätischen Instituts abgedruckt

Umschlagmotiv: „Die Farm Hvalnes",
fotografiert von Klaus D. Francke, Agentur Bilderberg
Umschlaggestaltung: Werbeagentur Eisele & Bulach, Augsburg
Gesamtherstellung: New Interlitho S.P.A.
Printed in Italy
ISBN 3-86047-604-1

Von Brennisteinsalda in der Nähe von Landmannalaugar aus geht
der Blick über Laugahraun in Richtung Jökulgilskvísl.

Bei Snæfell im Norden des Vatnajökull fällt das Wasser der Laugará
über eine 25 m hohe Stufe aus Säulenbasalt hinab.

Im Inneren des Arnarfjörður in Norwestisland stürzt Fjallfoss
100 m tief die stufenförmigen Basaltschichten hinunter.

LANDSCHAFT DER WEITE

VON VIGDÍS FINNBOGADÓTTIR

PRÄSIDENTIN VON ISLAND

Warum ist Island ein so faszinierendes Erlebnis, sowohl für Besucher aus anderen Ländern, als auch für uns selbst, die wir hier zu Hause sind? Einige von uns müssen allerdings zunächst einmal von hier fortgehen, um dann wiederzukommen und zu verstehen, was dieses Land für uns bedeutet.

Wir befinden uns gleichsam inmitten eines Wunders.

Wir gehen in der Dämmerung hinaus, um nach dem Himmel und dem Wetter zu schauen, wir bereisen die weiten Einöden des Landes, durchqueren Lavafelder und reißende Flüsse, Grasland und Sander; wir leben und fühlen mit dem Land. Wir blicken respektvoll und bewundernd zu den majestätischen Berggipfeln empor, oder aber ein leuchtendes Weidenröschen am steinigen Flußufer ruft unser Staunen hervor. Es gibt endlose Anlässe für all das was uns inspiriert, was sich in den vielfältigsten Kontrasten und Nuancen in unserem Sinn widerspiegelt. Das Ergebnis ist aber immer das gleiche: Wir finden uns selbst wieder, das Land ist uns aus der Erfahrung, die wir selbst und andere gemacht haben, vertraut. Gleichzeitig aber verliert sich nie dies grenzenlose Erstaunen, und das Gefühl, daß wir tagtäglich immer wieder aufs neue Zeugen der Schöpfungskräfte dieser Erde sind.

Man stellt sich häufig die Frage, was eine Gruppe von Individuen – wie groß oder klein sie auch immer sein mag – zu einer Nation macht. Meistens hält man inne bei der Trias von Erinnerung, Sprache und Heimat. „Land, Volk und Sprache, die einzige und wahre Dreiheit", sagt der Dichter Snorri Hjartarson. Keiner dieser drei Faktoren reicht für sich allein genommen zur Erklärung aus; im besten Falle sind alle drei miteinander verflochten und ergänzen sich gegenseitig. Vieles spricht dafür, daß das Land vermutlich im individuellen und kollektiven Bewußtsein der Isländer eine wesentlich wichtigere Rolle spielt als bei den meisten anderen Nationen. Vielleicht läßt sich ohne große Übertreibung sagen, daß das Sujet dieses Buches, die Landschaft selbst, uns in einem sehr wesentlichen Ausmaß zu dem gemacht hat, was wir sind.

Betrachten wir nur, wie das Land unsere Sprache geprägt hat. Die Landnehmer des 9. Jahrhunderts kamen aus kolonisierten Ländern, denn Island war in der Tat das allerletzte Land, das in Europa besiedelt wurde. Einige von ihnen hielten es für einen schlechten Handel, „kahle und abweisende Felsen für Äcker einzutauschen". Diese Insel war in unglaublich vieler Hinsicht anders als das, was diese Menschen bis dahin kannten und gewohnt waren. Sie hatten buchstäblich „keine Worte für dieses Land", zumindest nicht für alles, was ihnen hier begegnete. Naturphänomene wie kochende Geysire, warme Quellen, unwegsame Lavafelder – all das war neu für Auge und Zunge. Die Wörter, die die ersten Siedler wählten, um all das zu bezeichnen, was sie in der neuen Welt vorfanden, gehören auch heute noch zum aktiven Wortschatz eines jeden Isländers, aber sie sind in den anderen Sprachen des Nordens unbekannt.

Ebenso sagen Ortsnamen viel über die Verwunderung aus, die die Landnehmer angesichts der landschaftlichen Besonderheiten dieser Insel befiel. Breiðafjörður (Breiter Fjord) und Skjálfandi (der Bebende), Leggjabrjótur (Beinbrecher-Pfad) und Herðubreið (Schulterbreit), Hvítá (Weißer Fluß) und Gullfoss (Goldwasserfall) – all diese Namen zeugen von der Aufnahmebereitschaft und phantasievollen Logik derer, die sie geprägt haben. Der quasi poetische Konservatismus der Sprache hat dazu geführt, daß diese Begriffe nicht nur als Bezeichnungen auf der Landkarte zu finden sind, sondern gleichzeitig eine Naturbeschreibung darstellen oder auch einen Hinweis auf die Geschichte dieser Nation – transparente Begriffe und Bezeichnungen, die bis zum heutigen Tag jedem Isländer verständlich sind.

Auch die Volkssagen, die eine sehr wichtige Rolle in der Tradition spielen, haben ihren Ursprung in der Landschaft. Phantasie und Schaffensdrang werden durch die bizarre Natur inspiriert. Die Geologie spiegelt sich in unterhaltsamen Trollgeschichten wider: Die Inseln im Breiðafjörður entstanden, als die Trolle einen Sund „zwischen den Westfjorden und dem restlichen Land" graben wollten. Drangey wird zu einer stierigen Trollkuh, die mitsamt ihren Besitzern Karl und Kerling versteinert wurde, die Westmännerinseln sind das Resultat eines Ballspiels von Riesenmädchen auf der Hellisheiði, bei dem die Bälle aus dem Spielfeld flogen und auf dem Meer landeten. Landschaftsformen wie Hügel und Felsenburgen – besonders geheimnisvoll bei Nebel und Dunkelheit – gaben allerlei Anlaß zu Volksglauben, dort mußte sich das Leben der Huldren und Elfen, des „verborgenen Volkes", abspielen. In solchen Geschichten konnten die Menschen ihre Träume ausleben: den Traum von einem besseren Leben, wo die Menschen reicher und geschickter sind als wir selbst und einen besser ausgeprägten Sinn für das Wetter haben, und den Traum von einem erfüllteren Leben, wo die Liebe stärker und die Trauer tiefer ist als in der menschlichen Welt.

Die Sagen von den Beziehungen zwischen Menschen und dem verborgenen Volk zeugen auch von einer bemerkenswerten Tendenz zur Erhaltung der Natur, die durchaus in direkter Beziehung zu den vordringlichsten Problemen unserer Zeit gesehen werden kann. In so manchen Erzählungen wird der Mensch davor gewarnt, eine schöne Gesteinsformation zu zerstören. Andere handeln vom Wohlergehen derjenigen, die die Bewohner des Meeres und der Luft in Frieden lassen. Wir haben klare Anweisungen aus der verborgenen Welt, mit anderen Worten aus der Natur selbst, daß es unsere Pflicht ist, sorgsam mit allem umzugehen, was wächst: Die Huldrenfrau von Bjarkastaðir bat den Bauern, kein Holz mehr in der Schlucht zu schlagen, in der sie wohnte, damit sie sich nicht gezwungen sähe, mit ihren Kindern wegzuziehen, „weil die schönsten Bäumchen, mit denen sie aufgewachsen war, abgehauen worden seien, so daß sie jetzt auf die kahlen Stellen blicken müßte, wo sie einmal gestanden hatten".

Auch die Dichtung hat ihre tiefen Wurzeln in der Landschaft – wahrscheinlich sogar in viel größerem Maße als in den meisten anderen Ländern. Die Natur ist das Thema der Dichtung im neunzehnten Jahrhundert und bis auf den heutigen Tag. Sie ist aber nicht nur Quelle der Schönheit, oder eine strenge Erzieherin, die niemals ihre Kinder verwöhnt, sie wird auch zum ethischen Maßstab, das Land wird zum Vorbild für menschliches Leben.

Das Land, gleichzeitig mild und streng, schön und schroff, hat mit seiner unendlichen Vielfalt unser Denken geprägt, unser Empfinden und unsere Sprache. Unser ganzes Leben tragen wir diese vage Vorstellung in uns, eine Vorstellung, die jederzeit in freudige Gewißheit umschlagen kann, wenn uns Poeten und andere Meister des Wortes an die Zusammenhänge des Lebens erinnern – wie es Hannes Pétursson auf so eindrucksvolle Weise in „Heimkehr" tut:

O dröhnende Insel
Wie in den Tagen der Schöpfung!
immer noch in der Schmiede
von Feuer, Kälte und Wasser
kein Ort auf der Erde
ist uns so teuer

denn dieses Land
wurde unserer Seele zur Begleitung gegeben.

Vigdís Finnbogadóttir

ISLAND

AUFNAHMEN VON

SIGURGEIR SIGURJÓNSSON

DIE NUMERIERUNG DER BILDER
VERWEIST AUF EINE ÜBERSICHTSKARTE
UND AUF DIE ERLÄUTERUNGEN
IM ANHANG

1 Sonnenstrahlen über dem Hvalfjörður (Walfjord). Der Blick geht von Helguvík aus in Richtung der Fjordmündung.

2 Eine winterliche Szene aus dem Hvalfjörður. Das schneebedeckte Massiv von Skarðsheiði bildet den Hintergrund.

3
Eine der höchsten Erhebungen
des Skarðsheiði-Massivs, Skessuhorn
(967 m), von Norden aus dem
Skorradalur gesehen.

4
Seit fast 800 Jahren hat dieser
Felsen vor der Südwestspitze von
Reykjanes der Brandung des
Atlantiks getrotzt.

5 Die Kaskaden der Hraunfossar strömen unter einem Lavafeld hervor und mischen sich mit dem Wasser der Hvítá.

6
Der regelmäßige Säulenbasalt
von Gerðuberg stammt aus einer
Eruption während einer inter-
glazialen Warmzeit.

7
Barnafoss (Kinderwasserfall).
Die Gletscherwasser der Hvítá haben
sich ihren Weg durch den rötlich
gefärbten Ignimbrit gebahnt.

8 Gatklettur (Lochfelsen) in der Nähe von Arnarstapi ist eine der vielen bizarren Felsformationen auf Snæfellsnes.

9
Vor dem dekorativen Vordergrund
einer Sumpfwiese mit
Wollgras beherrscht Kirkjufell (463 m)
die Bucht von Grundarfjörður.

10
Der Stratovulkan Snæfellsjökull (1446 m)
an der westlichsten Spitze der
Halbinsel Snæfellsnes war vor 2000 Jahren
zum letzten Mal aktiv.

11
„Steter Tropfen höhlt den Stein“:
Ein Bach im Kollafjörður gräbt sich an
einem Berggang aus Säulenbasalt entlang
seinen Weg durch das Gestein.

12
Bei Djúpalón auf Snæfellsnes.
Wetter und Brandung haben die Fließstruktur
der Lava aus dem Snæfellsjökull noch
stärker herausgemeißelt.

13 Der helle Strand von Rauðisandur im südwestlichen Teil der Westfjorde besteht aus feingemahlenem Muschelsand.

14 Geirþjófsfjörður im Arnarfjörður. Der Hof Langibotn ist seit der Besiedlung Islands bekannt, aber heute verlassen.

15
Erratische Blöcke gegen den
Hintergrund von Bæjarvaðall, einem
kleinen Haff, dessen Nehrung
Rauðisandur bildet.

16
An der Nordseite des Arnarfjörður.
Die Mündung des Tals von
Lokinhamrar liegt hinter dem
nächsten Felsvorsprung.

19 Blick von Sandafell aus hinunter auf Þingeyri im Dýrafjörður. Auf der gegenüberliegenden Seite Gemlufallsdalur.

20 Blick aus dem Dýrafjörður hinaus. In der Mitte des Bildes Sandafell, dahinter Arnarnúpur, und rechts im Bild Mýrafell.

25 Reges Leben und Treiben auf dem Meer in der Nähe des Hafens von Hrísey im Eyjafjörður, Nordisland.

26 Goðafoss im Skjálfandafljót, Nordisland, im Winter. Die durchschnittliche Wassermenge beträgt 88 m³/sec.

27
Ein Schlammkessel in dem außerordentlich farbenprächtigen Solfatarengebiet Hveraröndd bei Námaskarð am Mývatn.

28
Skjálfandafljót hat sich sein Bett
in das 10.000 Jahre alte Lavafeld von
Bárðardalur gegraben. Hier der
Wasserfall Aldeyjarfoss.

29 Pastorale Szenerie am Mývatn (Mückensee) in Nordisland vor dem Hintergrund der Pseudokrater von Skútustaðir.

30 Blick über eine nahezu ausgetrocknete Lehmfläche im Solfatarengebiet Hveraröndl mit ihrem charakteristischen Riß.

31 Ein heute erkaltetes Solfatarenfeld am Námafjall, wo bis ins 19. Jahrhundert hinein Schwefel gewonnen wurde.

32
Dettifoss, Islands gewaltigster Wasserfall, stürzt 44 m tief in Jökulsárgljúfur hinunter, die Schlucht der Jökulsá á Fjöllum.

33
Jökulsárgljufur ist etwa 30 km lang
und entstand in wenigen Tagen während
eines gigantischen Gletscherlaufs
der Jökulsá á Fjöllum.

34 Papageientaucher sind gesellige Vögel, die auf dem Meer leben und nur zum Brüten im Frühjahr an Land gehen.

35 Blick von den Felsklippen von Langanes im äußersten Nordosten des Landes hinunter auf eine Baßtölpel-Kolonie.

36 Der Bauernhof Stóra-Sandfell in Skriðdalur, Ostisland. Alte und neue Bauweise wurden hier miteinander verbunden.

37
Staðarfjall (534 m), ein Rhyolitberg
im Borgarfjörður eystri in
Ostisland. Links im Bildhintergrund
der Berg Hvítserkur (774).

38
Wie viele andere Fjordsiedlungen liegt
Seyðisfjörður ganz im Innern
des Fjordes, geschützt gegen Wind und
Wellengang.

39 Die Kirche und der Pfarrhof von Heydalir vor der großartigen Bergkulisse im Breiðdalur (Breites Tal), Ostisland.

40
Der rhyolitische Ignimbrit von
Hvítserkur („Weißhemd“) (774 m) ist
kreuz und quer von Berggängen
aus Basalt durchzogen.

41
Fossárdalur im Berufjörður, wo
heute nur noch ein Hof bewohnt ist. Die
verfallende Mauer zeugt von 1100 Jahren
menschlicher Anstrengung.

42 Die Felsen, über die dieser Wasserfall im Fossárdalur hinabfällt, gehören zu den ältesten tertiären Gesteinen in Island.

43
Blick über Fossárdalur in
Richtung Süden. Die Basaltschichten in
Ostisland zeigen eine Neigung von
10° zum Landesinneren hin.

44
Der Bauernhof Kross an der Nordseite des Berufjörður. Vor der Reformation im 16. Jahrhundert befand sich in Kross eine Kirche.

45
Blick nach Süden über die Bucht
von Breiðdalsvík hinüber. Die höchste
Erhebung auf der anderen Seite ist
der Gipfel von Ósfjall, 746 m.

46
Die Zinnen von Smátindar,
Slöttur und Stöng krönen die
Gebirgskette zwischen Berufjörður
und Breiðuvík.

47 Der Gletscherfluß Jökulsá í Lóni durchfließt die zerfurchte Hochgebirgslandschaft von Lónsöræfi, Südostisland.

50
Kotárjökull verbirgt sich hinter
den Gesteinstrümmern, die die Gletscher-
fluten 1727 nach dem Ausbruch des
Öræfajökull hinterließen.

51
Svartifoss, der schwarze Wasserfall, fällt im Nationalpark Skaftafell in eine Schlucht von wunderschönem Säulenbasalt hinab.

52 Charakteristisch im Hornafjörður sind die Berghänge mit riesigen, spärlich bewachsenen Schutthalden.

53 Die Gletscherlagune am Breiðamerkurjökull kam in diesem Jahrhundert zum Vorschein, als der Gletscher zurückwich.

54 Binsen und Arktische Weiden gedeihen in und an den stillen Schmelzwasserseen des Skaftafellsjökull.

55
Die Felsen von Dverghamrar in der Nähe von Foss á Síðu. Diese früheren Meeresklippen liegen heute 40 m über dem Meeresspiegel.

56
Im Westen des über 30 km breiten Skeiðarársandur ragt Lómagnúpur 720 m steil empor. Der Blick geht in westlicher Richtung.

57 Der Bauernhof Holt á Síðu überblickt heute das riesige Lavafeld, das 1783 beim Ausbruch der Lakagígar entstand.

58 Die Kirche von Vík í Mýrdal unweit des südlichsten Punktes von Island wurde 1934 hoch über dem Dorf errichtet.

59 Am Fuß von Reynisfjall hat das Meer die Säulenbasalthöhle Garðahellir ausgewaschen. Im Hintergrund Dyrhólaey.

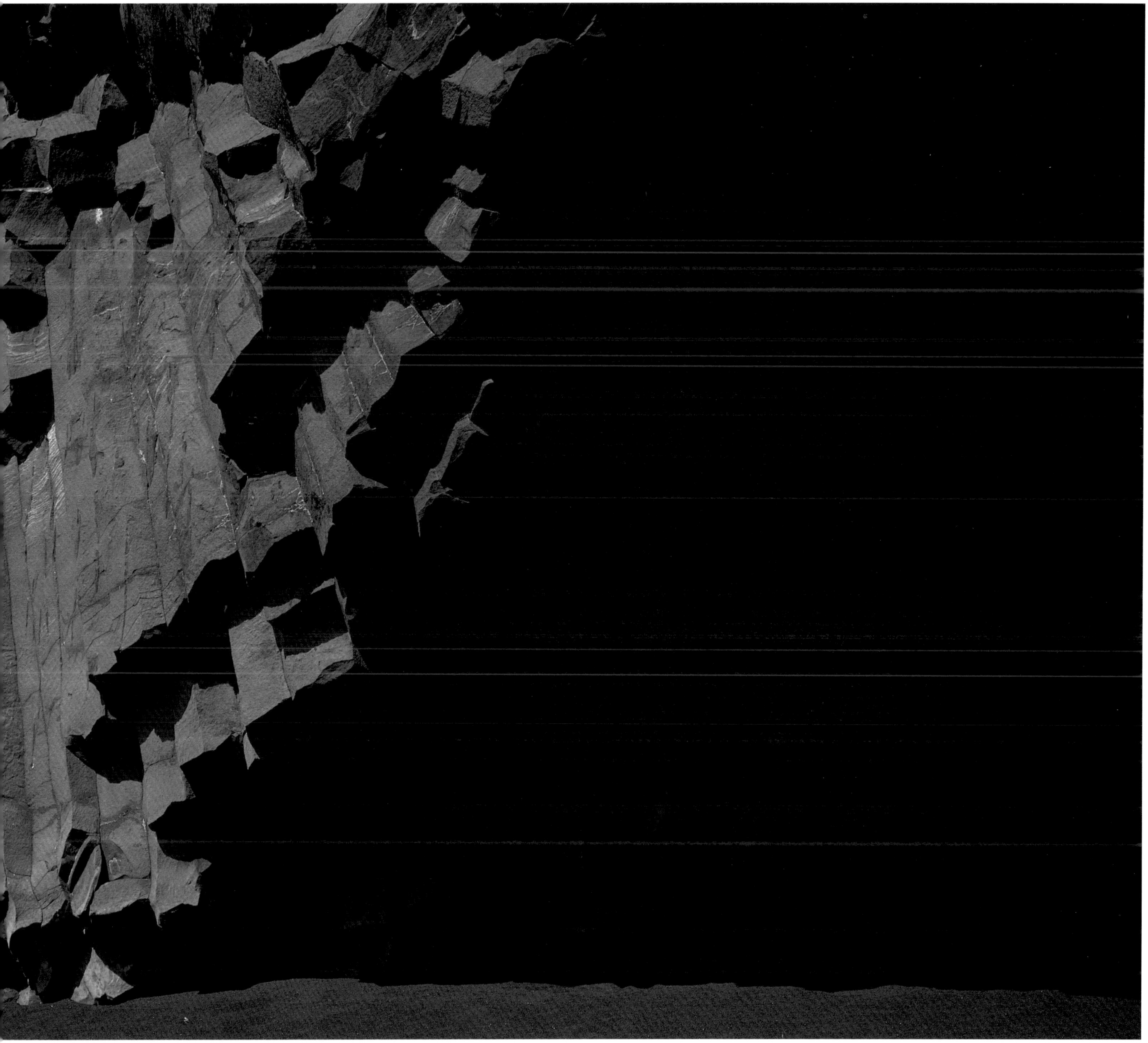

60
Reynisfjall, ein Bergrücken aus
Palagonittuff, von Westen her gesehen.
Am Horizont der schneebedeckte
Gipfel von Hatta (512 m).

61
Hjörleifshöfði war zur Zeit der
Landnahme ein Meereskap. Es ist heute
von den riesigen Sandflächen des
Mýrdalssandur umgeben.

62 Die flache Sandküste westlich von Dyrhólaey wird vom 275 m hohen Inselberg Pétursey dominiert.

63
Der Wasserfall Skógafoss im Winter.
Die Wasser der Skógá stürzen
über die 60 m hohe Fallkante einer
ehemaligen Meeresklippe hinab.

64
Dyrhólaey (120 m), die Ruine eines subglazialen Vulkans, ist die südlichste Spitze von Island. Der Leuchtturm wurde 1910 errichtet.

65 Friedliche Herbststimmung in der Nähe des Eyjafjallajökull. Islandpferde auf der Weide bei Drangshlíðarfjall.

66
Die Schlucht Gjáin liegt ganz in der Nähe von Stöng, einem Bauernhof aus der Sagazeit. Sie wurde durch die Wasser der Þjórsá ausgehöhlt.

67
Der wunderschön regelmäßige
Wasserfall Skógafoss im Sommer. Es heißt,
daß hinter dem Wasser die Schatzkiste
eines Wikingers versteckt ist.

70 Nur wenige Sekunden nach einem Ausbruch schleudert Strokkur im Haukadalur noch eine Fontäne in die Höhe.

71 Háifoss, der hohe Fall. Die 122 Meter tief hinunterstürzenden Wasser der Fossá bieten ein grandioses Schauspiel.

72
Herbstfarben in der Lava
von Þingvellir. Die Entwicklung höherer
Vegetation von Flechten bis hin zu Birken
hat 8000 Jahre gebraucht.

73
Spalten in der Lava von Þingvellir,
wo die Tektonik der auseinanderdriftenden
Platten von Europa und Amerika
besonders augenfällig ist.

74 Die kegelförmige Erhebung der Stóra-Súla (908 m) liegt im Gebiet der Emstrur nordwestlich vom Mýrdalsjökull.

75 Blick von Brattháls in der Nähe des Álftavatn nach Südwesten. Am Horizont die schneebedeckten Tindfjöll.

76 Álftavatn, von den pittoresken Gesteinsformationen des Brattháls-Rückens aus gesehen. Blick nach Norden.

81 Abendstimmung in den Veiðivötn (Fischseen). Fast alle Krater dieses Spaltenausbruchs sind mit Wasser gefüllt.

82
Winterliche Landschaft in
der Nähe von Landmannalaugar.
Der Blick geht in Richtung
des Engpasses Þrengsli.

83
Rhyolitische Säulenformation
in Hattver (Hut-Trift), benannt nach
dem pillboxförmigen Aufsatz von
Hattur, rechts im Bild.

84
Blick nach Norden in Richtung
Þrengsli (Engpaß) im Tal von Jökulgil
unweit von Landmannalaugar. Im
Vordergrund Jökulgilskvísl.

85
Rauðfoss (Roter Fall) am
Fuße der Rauðfossafjöll breitet seinen
Wasserschleier über rhyolitisch
rötlich gefärbtes Gestein aus.

86 Die Lava von Laugahraun fließt am hellen Hang von Brennisteinsalda entlang bis nach Landmannalaugar.

87 Die märchenhafte Landschaft um Landmannalaugar von Bláhnúkur aus gesehen. Ganz im Hintergrund Hekla.

88 Eis, Feuer und Wasser gestalten auch heute noch die wilde Landschaft bei Landmannalaugar. Blick nach Nordosten.

91 Kurzschnabelgänse, die während der Mauser flugunfähig sind, suchen in den Sümpfen von Eyjabakkar Zuflucht.

92 Im warmen Wasser des Kraters Víti (Hölle), der beim Askja-Ausbruch von 1875 entstand, baden heute Touristen.